Dirección editorial:
Departamento de Literatura
Infantil y Juvenil

Dirección de arte:
Departamento de Imagen y Diseño GELV

Diseño de la colección:
Manuel Estrada

El 0,7% de la venta de este libro se destina al Proyecto «Mejora de la Calidad y oferta educativa del ciclo diversificado del Instituto Tecnológico Quiché de Chichicastenango (Guatemala)», que gestiona la ONG Solidaridad, Educación, Desarrollo (SED).

2ª edición, 3ª impresión, enero 2013

Título original: *Mélanie Pilou*

Carretera de Madrid, km. 315,700
50012 Zaragoza
Teléfono: 913 344 883
www.edelvives.es

Editado por Celia Turrión

ISBN: 978-84-263-6689-4
Depósito legal: Z 217-2008

Talleres Gráficos Edelvives (50012 Zaragoza)
Certificados ISO 9001
Printed in Spain

FICHA PARA BIBLIOTECAS

CHAPOUTON, Anne-Marie (1939-2000)
Las pataletas de Paula / Anne-Marie Chapouton ; ilustraciones, Ulises Wensell ; traducción, P. Rozarena. – 2ª ed., 3ª reimp. – Zaragoza : Edelvives, 2013
43 p. : il. col. ; 20 cm. – (Ala Delta. Serie roja ; 49)
ISBN 978-84-263-6689-4
1. Niños caprichosos. 2. Enfado. 3. Aprendizaje. 4. Conducta social. I. Wensell, Ulises (1945-), il. II. Título. III. Serie.
087.5:821.133.1-32"19"

EDELVIVES

ALA DELTA

Las pataletas de Paula

Anne-Marie Chapouton

Ilustraciones
Ulises Wensell

Traducción
P. Rozarena

¿Quién quiere ser siempre la primera en verlo todo, enterarse de todo y tenerlo todo?

Paula, por supuesto.

En cuanto ve algo que le gusta, hala, se apodera de ello.

Lo mete en su armario,
echa la llave, y luego la guarda
en un escondrijo secreto.

Si Paula oye hablar a los niños, se acerca a toda prisa y les dice:

—¿Qué pasa? ¿Qué estáis diciendo? ¡Quiero saber de qué habláis!

Si oye que dicen:

—¡Qué bien! ¡Es estupendo!

Paula llega corriendo, empuja a todos y, si hace falta, hasta les pisa para ponerse en primera fila.

Los hermanos de
papá y de mamá
son mis tíos

Cuando la profesora pregunta:

—¿Quién quiere limpiar la pizarra?

Paula es la primera en gritar:

—¡Yo, yo!

Y, claro, para que se calle, la profesora dice:

—Está bien, hazlo tú, Paula.

Cuando hay pasteles, ¿quién es la primera en echar la mano y coger el más grande?

Paula, por supuesto.

¿Y quién se lo traga a toda prisa para repetir cuanto antes?

Paula, desde luego.

Siempre Paula.
Paula en todas partes.
¡Esta Paula...!

El problema empieza cuando
mamá o papá le dicen NO,
y la mandan castigada a su habitación.
Entonces, ENTONCES...

Paula suelta unos alaridos
tan espantosos que enseguida,
inmediatamente, le dan todo lo que
pide con tal de que se calle.

Pero llega un día en que los niños están más que hartos de ella.

Planean:

—Vamos a tenderle una trampa a Paula, que siempre se tiene que salir con la suya.

Llenan un gran saco con juguetes viejos y rotos.

Y le dicen:

—Éstos son nuestros juguetes favoritos. No los toques.

Paula se echa sobre el saco.

Lo vuelca, mira lo que tiene y se siente muy mal cuando ve que todos los niños se ríen de ella.

Luego, los niños empiezan a cuchichear: «Bsss, bsss, bsss...».

—¿Qué decís? —pregunta Paula—. ¡Quiero saberlo!

Federico contesta:

—Marta dice que tiene pasteles rellenos de una crema muy rica.

En cuanto ve los pasteles, Paula coge el más grande. Pero está hueco, completamente vacío.

Federico dice:

—¡Qué buena está la crema!

—¡Sí, está buenísima! —sigue Marta.

—¡En el mío no hay nada! ¡Nada de nada! —exclama Paula.

Y todos los niños le responden:

—¡Te está bien empleado!

Paula abre la boca y empieza a chillar.

Al oír los chillidos, los niños, todas las personas que pasan por la calle y los habitantes del barrio exclaman:

—¡Esto es inaguantable!
¡No podemos quedarnos aquí!
Y «¡zas!», se van. Y Paula se queda sola.

Los gatos, los perros, los pájaros, las arañas, y hasta los ratones, salen corriendo para alejarse lo antes posible.

Como todo el mundo se marcha corriendo, olvidan cerrar los grifos, olvidan apagar el gas.

Y tienen que acudir los bomberos.

Apagan los incendios
y cierran los grifos.

Rescatan a los gatitos aterrorizados,
que a punto están de caerse
desde los aleros de los tejados.

De repente, todo el mundo dice al mismo tiempo:

—Escuchad. Qué curioso, ya no se oyen los gritos.

Sí, es cierto, al cabo de hora y media, Paula ha dejado de chillar porque algo se le ha estropeado en la garganta.

Y, la verdad, también porque está bastante cansada.

Paula tiene hambre, así que va a ver a un bombero y se señala el estómago.

El bombero exclama:

—¡Pobre pequeña abandonada!

Y entra en una tienda, coge un bollo y deja el dinero sobre el mostrador, porque también el vendedor es de los que han huido.

Sólo que Paula quiere un bollo redondo. Y el bombero ha comprado uno alargado.

Como ya no puede hablar, Paula empieza a sacudir la cabeza.

Pero, como tiene mucha hambre, deja de hacerlo y se pone a comer.

El bombero dice:

—¡Qué educada es esta niña, que da las gracias antes de empezar a comer!

Poco a poco, van volviendo todos: las profesoras, los niños, los señores, las mamás con sus bebés y los comerciantes.

Por la tarde, cuando los padres de Paula vuelven del trabajo, preguntan:

—Paula, ¿qué ha pasado en el barrio? Nos han contado que se han oído gritos, gritos y más gritos.

Paula mueve la cabeza y no dice nada.

Y durante días y días no se oye hablar a Paula.

Así que nadie le hace ningún caso.

Ya no limpia la pizarra, ni se apodera de los pasteles más grandes ni de los mejores trozos en el comedor del colegio.

Cuando a ella le sirven la última,
no dice ni pío.

Al principio, desde luego, salta
y patalea para llamar la atención.

Pero, como nadie le hace caso, acaba por no patalear más.

En casa y en el colegio reina la calma...

Por fin, un día, Paula entra en clase, abre la boca y dice:

—Buenos días.

Todos echan a correr hacia el patio. Hasta la profesora.

Paula sale detrás sonriendo:

—¡No tengáis miedo! ¡Volved! ¡Sólo he dicho «buenos días»!

La profesora y los niños vuelven despacio, andando de puntillas.

Federico pasa a su lado y le dice:

—¿Vas a empezar a chillar como antes?

Paula le contesta:

—No, no, ya lo verás.

Y esta vez, cuando la profesora pregunta:

—¿Quién quiere limpiar la pizarra?

Todos los niños contestan:

—¡Yo, yo, yo...!

Y levantan la mano.

Últimos títulos publicados

Serie Roja

27. *La bruja Piruja.* **Henriette Bichonnier**
28. *Diseñadora de hora en hora.* **Xoán Babarro**
29. *Hormiguita negra.* **Ana Mª Romero Yebra**
30. *Tomás y la goma mágica.* **Ricardo Alcántara**
31. *Las anginas de mamá.* **Maya Nahum-Valensi**
32. *Paco y Álvaro se pelean.* **René Escudié**
33. *¿De dónde sale esta niña?* **Thierry Lenain**
34. *Sólo a mí me pasa.* **Gabriela Keselman**
35. *La patulea de la reina.* **Agnès Bertron**
36. *Sola y* Sincola. **Patxi Zubizarreta**
37. *Amanda Chocolate.* **Bernard Friot**
38. *Luna quiere un bebé.* **Thierry Lenain**
39. *¿Quién es Nuria?* **Florence Cadier**
40. *Gabriel y la isla azul.* **Amélie Cantin**
41. *Tomás y las tijeras mágicas.* **Ricardo Alcántara**
42. *Un móvil en el Polo Norte.* **Carl Norac**
43. *Cariñoso bicho malo.* **Dirk Nielandt**
44. *¿Quién soy yo?* **Gianni Rodari**
45. *El maravilloso puente de mi hermano.* **Ana María Machado**
46. *Nel pinta lo que quiere.* **Ben Kuipers**
47. *¡Vamos, cuentos, a Belén!* **Ana Mª Romero Yebra**
48. *Constantino hace llover.* **Ana María Machado**
49. *Las pataletas de Paula.* **Anne-Marie Chapouton**
50. *Usoa, llegaste por el aire.* **Patxi Zubizarreta.**
51. *El pintor.* **Gianni Rodari.**

Paco y Álvaro

René Escudié

Ilustraciones
Ulises Wensell

ALA DELTA, SERIE ROJA N.º 26. 40 págs.

Paco vive en una caravana verde con cortinas azules y Álvaro en un apartamento azul con cortinas verdes. Son vecinos y van al mismo colegio. Pero sus madres no quieren que jueguen juntos; piensan que no son iguales. Hasta que un día los niños van de excursión al campo con la clase, empieza a diluviar y los dos corren a refugiarse en una cabaña roja.